LA VÉRITÉ

DÉDIÉE

A M. LE PRINCE LOUIS-NAPOLÉON BONAPARTE

PAR MERMILLIOD

FABRICANT DE TAILLANDERIE A CHERBOURG.

TYPOGRAPHIE BÉNARD ET COMPie

PASSAGE DU CAIRE, 2.

LA VÉRITÉ

DÉDIÉE

A M. LE PRINCE LOUIS-NAPOLÉON BONAPARTE

PAR MERMILLIOD

FABRICANT DE TAILLANDERIE A CHERBOURG.

CHAPITRE Ier.

PRINCE,

L'Immense majorité que vous avez obtenue vous dit assez la confiance et l'espoir du pays ; si chacun de ceux qui partagent cet espoir et cette confiance se croyait obligé de vous donner des conseils, et appelé à vous faire partager ses idées, le temps précieux que vous avez à consacrer aux intérêts et à la prospérité de la France serait employé inutilement, peut-être, à démêler la vérité dans cette foule de théories différentes et souvent opposées.

Cependant, l'expérience d'un homme pratique et qui n'a aucune prétention en dehors de sa spécialité , peut, quelquefois , être consultée à profit; et quel que soit l'accueil réservé à ces lignes, je vous les adresse, Prince, avec la conscience que je remplis un devoir d'honnête homme et de bon citoyen.

La société ne pouvant exister sans le concours de chacun, il faut que tous les hommes de bien vous prêtent le leur, afin de vous faire connaître la vérité, car c'est elle qui vous dira quels sont les vœux et les besoins des classes chez lesquelles il existe un malaise. Jusqu'à ce jour, j'ignore comment le pouvoir a pu la connaître : par les journaux? les uns ne savent que flatter ; les autres que blâmer les actes ; pas un, jusqu'à ce jour, n'a cherché à s'occuper sérieusement des améliorations possibles et opportunes à mettre en pratique.

Les trois piliers sur lesquels repose la prospérité du pays, sont :

L'AGRICULTURE, L'INDUSTRIE, LE COMMERCE.

L'armée maintien l'ordre, garantit la propriété et fait respecter nos droits nationaux; je ne parlerai pas des intérêts de l'armée ils me sont inconnus, mais les intérêts des trois premières classes que je viens de citer ne peuvent être connus que par des hommes qui appartiennent à ces classes.

Quels sont les hommes qui, jusqu'à ce jour, ont été chargés de défendre à la Chambre les intérêts de l'agriculture, de l'industrie et du commerce?

Des avocats, des médecins, des journalistes et des nobles.

Quelle est la première condition à remplir pour bien défendre les intérêts d'une classe?

C'est de bien les comprendre, et pour cela il faut avoir vécu longtemps avec elle.

Les dernières Chambres nous donnent un exemple frappant de l'incapacité des Représentants, à vouloir parler de ce qu'ils ne connaissaient pas ; les uns (la gauche) demandaient fort souvent des choses impossibles à réaliser les autres (la droite) ne voulaient rien faire qui pût faire aimer le Gouvernement.

Thiers, qui passe pour un homme supérieur, a dit des absurdités, ainsi que Jules Favre, quand ils ont parlé de droit au travail, utopie qui n'aurait jamais dû entrer dans l'esprit d'un homme de bon sens.

CHAPITRE II.

———

Prince, permettez à un industriel qui n'entend rien à la médecine, aux lois, aux articles de journaux, ni aux intérêts de la noblesse, de vous soumettre les réflexions que son gros bon sens lui a suggérées sur les besoins de la classe à laquelle il se fait honneur d'appartenir; réflexions qui, je pense, peuvent être utiles dans le but d'amélioration du sort de cette classe.

Les troubles qui ont eu lieu en 1846 et 1847, dans un grand nombre de départements, au moment de la cherté des grains et les dépenses considérables que presque toutes les communes ont été obligées de faire pour nourrir la classe ouvrière, m'auraient convaincu, si je ne l'avais été déjà, qu'il existe dans cette classe un malaise auquel il est grand temps de porter remède; tout le monde est aujourd'hui d'accord sur ce point.

Or, quelle est la cause de ce malaise?

En 1847, la question, pour moi, était tout simplement celle-ci : le salaire de l'ouvrier est-il en rapport avec ses besoins? Vivant avec eux depuis 29 ans, je crois pouvoir répondre avec toute connaissance de cause : oui, pour les ouvriers adroits et intelligents ; non, pour les ouvriers qui exécutent les travaux les plus rudes, tels que les manœuvres, les terrassiers, les carriers et hommes de peine, attachés dans les ateliers à des travaux de diverses natures.

J'ai calculé ce que ces derniers doivent dépenser pour leur nourriture, leur logement, leurs vêtements, et les chiffres m'ont prouvé qu'un homme marié, ayant deux enfants, ne reçoit pas un salaire suffisant.

Quels sont les moyens à employer pour améliorer le sort de cette malheureuse classe et celui des travailleurs en général?

C'est ce que je vais essayer de dire, sans avoir la prétention que l'amélioration puisse être immédiate, car, à tout, il y a la question de temps; j'ai besoin, tout d'abord, de dire:

1° De quelle manière on opère pour les travaux que l'État fait exécuter; puis, je dirai comment doit opérer un gouvernement juste qui prend à cœur d'adoucir la position des travailleurs;

2° De quelle manière l'instruction professionnelle se donne actuellement, et comment il me semble que l'on devrait opérer pour faire de bons ouvriers, afin d'élever l'industrie française au premier rang.

CHAPITRE III.

§ 1ᵉʳ — TRAVAUX QUE L'ÉTAT FAIT EXÉCUTER.

Voici comment on opère pour les travaux que l'État fait exécuter par les ponts et chaussées, le génie, la guerre et la marine.

La question posée aux entrepreneurs et aux chefs ouvriers est plutôt une question d'argent, qu'une question de capacité ; aussi, voici comment les choses se passent.

Lorsqu'une adjudication est affichée et qu'un cautionnement de vingt ou trente mille francs est exigé pour soumissionner, quelles personnes deviennent adjudicataires? sont-ce des hommes spéciaux et capables, ou ne sont-ce pas plutôt des hommes de finance, des spéculateurs qui ne travaillent pas et qui n'ont jamais eu aucune capacité industrielle? Il est facile de s'assurer que ce sont ces derniers.

On peut m'objecter que l'État exige dans certaines administrations un certificat de capacité pour soumissionner les travaux, c'est vrai; mais il est facile de s'assurer qu'un grand nombre de certificats sont donnés à des hommes qui n'ont jamais exécuté de travaux; je dirai plus, à des hommes qui ne possèdent pas les idées les plus simples sur cette matière; leur seule capacité est d'avoir des écus; car, pour avoir des capacités dans l'industrie, il faut avoir reçu une bonne instruction profession-nelle.

Aussi, lorsqu'un spéculateur est titulaire d'un marché, il s'adresse à un homme capable qui souvent n'a pu soumissionner, parce qu'il manquait de fonds pour faire le cautionnement, et il lui fait exécuter les travaux comme sous-traitant, en exigeant de lui une remise de 15 ou 20 p. 0/0 et en le rendant responsable de la bonne exécution. Ce sous-traitant qui exécute ou fait exécuter les travaux, est encore obligé de retirer un bénéfice sur les ouvriers qui travaillent pour son compte, et il arrive que l'État paie le travail à sa juste valeur, mais que celui qui l'exécute ou le fait exécuter reçoit à peine de quoi vivre pendant la durée de ses travaux.

Le travail de l'ouvrier n'a profité qu'à l'homme de finance, au spéculateur !

Cette manière d'opérer amène de très mauvais résultats, au point de vue moral, car, presque tous les ingénieurs regardent les entrepreneurs comme des hommes qui cherchent à chaque instant à les tromper : cela ne doit pas être étonnant, puisque l'homme capable n'est jamais en rapport direct avec l'ingénieur chargé du travail, et que l'entrepreneur général, ne résonnant que par des chiffres, cherche toujours à fournir et passer les matériaux les moins chers.

Comme nul ne peut être que ce qu'il est, et ne doit pas être ce qu'il n'est pas, il est très étonnant que l'on n'exige pas des entrepreneurs et des chefs ouvriers des garanties de capacités analogues à celles qu'on demande aux médecins, avocats, notaires, professeurs, employés de la marine et de la guerre.

En effet, pour être médecin, par exemple, il faut avoir été reçu docteur; pour défendre les intérêts civils, il faut avoir fait son droit; pour être reçu notaire, il faut avoir étudié le droit et avoir fait un stage de deux ans; pour instruire la jeunesse, il faut avoir été reçu professeur, et ainsi des autres professions; tandis que pour dépenser les deniers de l'État, on n'exige que des garanties tout-à-fait illusoires; aussi, jusqu'à ce jour a-t-on vu souvent des entrepreneurs commencer des travaux et voyant qu'ils ne gagnaient pas assez ou qu'ils manquaient de connaissances indispensables pour faire marcher leur affaire, venir demander la résiliation de leur marché; et ils ont toujours trouvé des députés complaisants, qui ont obtenu, par leur influence, ce que les entrepreneurs incapables ou déloyaux sollicitiaent; je ne demande d'autre exemple que les réclamations d'indemnité faites depuis dix ans par les entrepreneurs.

CHAPITRE IV.

Il faudrait dans chaque département classer les entrepreneurs suivant leur capacité ; car, il est évident qu'un homme qui n'a jamais fait que des travaux de route, sera incapable d'exécuter des travaux d'art ; et ne donner des certificats qu'à des hommes capables d'exécuter des travaux, tels que chefs ouvriers ou entrepreneurs qui auraient fait leurs preuves et donné des garanties satisfaisantes par l'exécution de travaux qu'ils auraient déjà exécutés.

2

Scinder autant que possible les affaires, afin que chaque chef ouvrier pût soumissionner suivant sa spécialité.

Ainsi, pour l'exécution des grands bâtiments, aire une adjudication :

1° Pour maçonnerie et taille de pierres ;

2° Pour la charpente ;

3° Pour la menuiserie ;

4° Pour la couverture ;

5° Ferrure et ferrement ;

6° Plâtrerie ;

7° Peinture et vitrerie ;

8° Ferblanterie et plomberie.

Cette scission permettrait en outre de diviser le cautionnement en plusieurs autres cautionnements moins onéreux pour les entrepreneurs.

Il est clair qu'on ne devrait admettre dans ces adjudications particulières que des hommes patentés pour les spécialités qu'ils soumissionneraient et porteurs d'un certificat de capacité ; si vous opérez de cette manière, vous empêchez les spéculateurs de se mêler de toutes les affaires comme ils s'en sont mêlés jusqu'à ce jour, et vous rendrez à l'ouvrier un bénéfice de 15 à 20 p. °/₀ sur les travaux, en permettant au chef d'atelier d'augmenter la main-d'œuvre de l'ouvrier ; car il est reconnu que quand un chef d'atelier peut exécuter des travaux à des prix suffisamment élevés, il manque bien rarement de payer mieux ses ouvriers, et il obtient plus de soin dans l'exécution du travail. Je crois donc qu'en employant ces moyens, l'État ne dépensera pas plus et l'ouvrier recevra davantage.

Chaque fois que l'État mettrait des travaux œuvrés en adjudication, il devrait fixer dans le cahier des charges, le prix des journées que l'entrepreneur paierait aux manœuvres, ce moyen empêcherait certains entrepreneurs de mettre des rabais aussi forts, comptant spéculer sur le salaire de l'ouvrier dans les moments de chômage. Il est bien entendu que le salaire mentionné au cahier des charges serait suffisant à l'existence de l'ouvrier.

Il est facile au Gouvernement de s'assurer que sous le dernier règne, les ouvriers ont été très malheureux, et les trois quarts des maîtres se sont ruinés par la seule raison que leur position d'industriel n'a pas été garantie.

. Le chef ouvrier n'a souvent pour toute fortune que son talent d'industriel, et les outils nécessaires pour exercer sa profession ; c'est sa propriété, et si cette propriété n'est pas garantie, qu'elle soit mise à l'enchère par les spéculateurs, elle devient une marchandise qui est la propriété de tous.

Le Gouvernement doit donc protéger toutes les propriétés, là est le fondement et la garantie de l'ordre et de l'abondance dans une nation. C'est l'assurance où est un individu de recevoir et pouvoir conserver le fruit de son travail qui excite son activité. Or, le travail de chacun est nécessaire à la société, puisqu'elle ne peut exister sans le concours de ceux qui la composent. Tous les hommes sont animés par le même mobile, celui de gagner de l'argent et de jouir de ce qu'ils ont gagné ; plus un homme est industriel capable, plus il fera de profits, mais plus aussi, il sera et il aura été utile à ses semblables.

Pourquoi un industriel qui a eu le bonheur de gagner quelque chose, cherche-t-il à donner une autre position que la sienne à ses fils ? Parce qu'il comprend sa fausse position dans la société, et qu'il sait que le talent dans l'industrie n'est pas nécessaire pour faire des affaires : qu'il suffit de raisonner les affaires au point de vue commercial et d'avoir des écus.

Quels sont, en France, les enfants destinés à l'industrie ? Généralement se sont ceux qui appartiennent à des familles malheureuses ; il doit donc être utile de s'occuper de l'instruction professionnelle, afin que plus tard, ils puissent arriver, en se comportant bien et en travaillant à se faire une position honorable, et par ce moyen, élever l'industrie nationale au premier rang ; c'est, je crois, la tâche que le Gouvernement doit avoir à cœur.

CHAPITRE V.

Je vais maintenant, sur ce que je viens de dire relativement à la manière d'opérer pour les travaux que l'État fait exécuter, me résumer et ajouter quelques réflexions.

Ainsi que je l'ai déjà dit, nul ne peut être que ce qu'il est et ne doit pas être ce qu'il n'est pas; en admettant ce principe, est-il juste qu'un individu ait les mêmes droits qu'un autre, sans avoir les mêmes charges et les mêmes capacités? Évidemment non.

Je suppose un industriel sortant de la classe malheureuse et qui, à force d'économie et de travail, finit par acquérir quelque chose qu'il emploie à fonder un établissement avec le matériel nécessaire pour fabriquer les articles de sa spécialité ; le Gouvernement, vous le savez, lui fait payer des contributions en rapport avec la grandeur et la valeur de son établissement, plus les frais de patente. Qu'il se présente une adjudication relative à sa spécialité dans les arsenaux de la marine, il se trouve à soumissionner avec lui des individus qui n'ont aucune profession ; mais, me demanderez-vous, comment opèrent ces personnes qui n'ont aucune profession ? Ils font fabriquer fort souvent par des ouvriers des arsenaux, car ces derniers ont presque tous des ateliers chez eux sans avoir aucune charge, ou bien ils s'adressent dans les maisons de détention, dans lesquelles il se trouve des ouvriers pour toutes les spécialités.

La concurrence doit être illimitée, mais entre toutes les personnes de la même spécialité, car toutes sont assujetties aux mêmes charges.

, Voici de quelle manière je voudrais voir.
conçu le décret sur les travaux que l'État fait
exécuter, soit par la marine, soit par la guerre,
le génie ou les ponts-et-chaussées.

Art. 1. Tous les travaux au-dessus de 500
francs passeront en adjudication.

Art. 2. Ils seront scindés par spécialités.

Art. 3. Nul ne pourra soumissionner s'il ne
paie la patente de la spécialité qui fait l'objet
de l'adjudication, et s'il n'est porteur d'un certificat de capacité.

CONDITIONS A REMPLIR

POUR AVOIR UN CERTIFICAT DE CAPACITÉ.

Il faut avoir exécuter des travaux pour une
administration et qu'elle soit satisfaite, ou avoir
fait un stage d'au moins deux ans comme con-
ducteur de travaux sous les ordres d'un entrepreneur ou d'un ingénieur.

CHAPITRE VI.

VOICI COMMENT ON OPÈRE POUR L'INSTRUCTION
PROFESSIONNELLE

Les enfants qui appartiennent à une famille obligée de travailler pour les nourrir, sont placés, à un âge plus ou moins avancé, chez divers industriels pour apprendre une profession.

On aimerait à se dire que tous les patrons, chez lesquels sont placés ces enfants, sont capables eux-mêmes, comme ouvriers, comprennent bien la mission toute paternelle qui leur est confiée, et les dirigent avec toute l'attention et l'intérêt que mérite le jeune âge ; mais malheureusement l'expérience a trop souvent démontré que l'égoïsme de certains maîtres a été la cause de l'incapacité de bien des jeunes gens. Or, l'apprentissage a une influence immense sur l'avenir de l'ouvrier ; si l'enfant fait un mauvais apprentissage, nécessairement il ne sait pas travailler, et lorsqu'il quitte son patron pour entrer dans un atelier, le nouveau maître qui l'occupe ne lui donne à faire que des travaux qu'il est capable de confectionner, et fort souvent il travaille plutôt comme homme de peine que comme ouvrier ; sur cent enfants qui appartiennent à des familles malheureuses et qui apprennent des professions, il s'en trouve quatre-vingt-dix qui sont dans le cas que j'indique ; le travail n'est pas un plaisir pour eux, car il ne fait que fatiguer le corps sans intéresser l'esprit ; puis s'il y a des ouvriers à renvoyer d'un atelier, le patron commence toujours par renvoyer ceux qui sont le moins capables et il arrive que ces malheureux finissent par s'abandonner à l'ivrognerie.

Ce que je dis je l'ai vu fort souvent depuis 29 ans que je vis avec eux.

Le Gouvernement s'occupe cependant de donner aux enfants des familles malheureuses l'instruction primaire *gratuitement*; pourquoi sa sollicitude ne s'étendrait-elle pas sur l'instruction professionnelle.

CHAPITRE VII.

COMMENT IL CONVIENDRAIT QUE L'ON OPÉRAT POUR
L'INSTITUTION PROFESSIONNELLE.

De toutes les positions sociales, l'apprentissage dans l'industrie a été la seule dont les Gouvernements aient négligé de s'occuper jusqu'à ce jour, aussi, sauf quelques exceptions, la France a peu de bons ouvriers.

Je désirerais donc qu'une commission permanente, choisie dans le sein du Conseil municipal de chaque ville, fût chargée de placer les enfants chez d'honnêtes industriels ; cette commission aurait tout pouvoir pour exercer sa surveil-

lance : elle veillerait à ce que la tâche des enfants fût mise en rapport avec leurs forces phy-
siques, à ce que le travail exigé d'eux, pût
toujours se concilier avec le degré de leur instruction, et à ce que les maîtres remplissent
exactement toutes leurs obligations envers leurs
élèves; enfin, la commission ferait annuelle-
ment son rapport au Conseil municipal, en
désignant les élèves qui auraient le mieux mérité et les patrons qui se seraient sérieusement
occupés de leurs élèves; puis, le maître et l'é-
lève auraient droit chacun à une récompense.

Le jeune enfant qui reçoit une bonne direc-
tion, sous le rapport moral et industriel, devient presque toujours un honnête homme et
un bon ouvrier; il ne sera jamais ni l'un ni
l'autre, si la moralité, la bonne instruction
professionnelle, n'ont pas servi de base à son
apprentissage.

Le maître ne doit pas regarder l'apprentissage comme un objet de spéculation, ainsi que
le font, malheureusement beaucoup ; il doit,
au contraire, s'occuper sérieusement de l'édu-

cation morale et professionnelle de son élève;
former son cœur, développer son intelligence
et, par ses bons conseils et son exemple, en
faire un honnête homme et un citoyen utile.

Je suis bien persuadé, d'ailleurs, que si le
problème de l'organisation du travail paraît
très difficile à résoudre dans le présent, l'éduca-
cation de l'enfance est destinée, sans aucun
doute, à réaliser dans l'avenir, tous les vœux
philantropiques qui s'échappent soudainement,
aujourd'hui, de tous les cœurs français; mais,
pour cela, il faut moraliser et donner de l'émulation.

Pourquoi permettrait-on à un maître de
donner à un enfant, l'instruction professionnelle, sans avoir, au préalable, donné lui-
même, des garanties de capacité?

Est-il permis à un maître d'école de donner
l'instruction primaire à de jeunes enfants, sans
avoir été d'abord reconnu capable? Non!

Il est donc utile que nul ne puisse prendre
de jeunes enfants en apprentissage, s'il n'en
a pas été reconnu capable par un Conseil de

prud'hommes, et s'il n'est porteur d'un certificat de moralité du maire de sa commune.

Voici, d'après le budget de 1849, ce que coûtent à la ville de Cherbourg, les écoles communales de garçons et de filles, frais d'établissements, loyers et traitements des instituteurs et institutrices. . . . . . . 23,135 fr.

Pour dépenses matérielles . . .   120

Pour prix   550

fr. 23,805

Je suppose que toutes les villes, d'après le chiffre de leur population, dépensent dans les mêmes proportions pour donner l'instruction primaire, croyez-vous qu'elles aient entièrement rempli leurs devoirs envers les malheureux, ou les enfants abandonnés à la misère par l'inconduite de leurs parents ? Non, je ne le pense pas, et permettez-moi, Prince, de vous dire ce que je serais heureux de voir faire pour ces malheureux et pour en faire des hommes.

Je voudrais que chaque ville votât, chaque

année, une somme suffisante (elle ne s'élèverait
pas, j'en suis sûr, aussi haut que celle qui est
votée pour l'instruction primaire) qui servirait :

1° Pour la nourriture des malheureux à elle
abandonnés ;

2° Pour récompenses données, chaque année, aux élèves et aux maîtres ;

3° Pour les frais d'installation de l'exposition de tous les travaux exécutés par les jeunes
enfants ;

4° Pour avances d'outils aux apprentis ou
aux ouvriers de bonne conduite, à titre de
prêt.

Il arrive, presque toujours, que lorsqu'un
jeune homme a fini son apprentissage, il doit
acheter des outils ; il y a même plusieurs professions où les apprentis ont besoin de s'en
fournir pour travailler, et faute de les avoir,
ils peuvent les uns et les autres manquer leur
état.

L'enfant ayant fini son apprentissage, devient homme et ouvrier ; parvenu à l'âge mûr,
il éprouve le besoin de suppléer à sa première

instruction, ou d'augmenter les connaissances incomplètes qu'il a acquises ; car c'est à l'âge où il n'a pu acquérir que des connaissances très imparfaites, que l'enfant du peuple quitte l'école pour l'atelier ; le jeune ouvrier, tout occupé de son travail, néglige à tort de conserver le peu qu'il a appris ; il faut donc, dans toutes les villes, une école ouverte tous les soirs aux ouvriers, afin qu'ils puissent compléter l'instruction qu'ils ont reçue pendant leurs premières années, ou même apprendre ce qu'ils n'ont jamais su.

Déjà beaucoup de villes en France, possèdent des écoles de dessin linéaire et autres, mais voici l'instruction variée que je voudrais voir donner :

1° Devoirs de l'homme (*instruction morale*) ;

2° Histoire ;

3° Arithmétique ;

4° Français ;

5° Dessin linéaire ;

6° Examen du travail, au point de vue commercial et au point de vue de la main d'œuvre ;

cette dernière instruction serait d'une grande utilité pour les ouvriers quand ils travaillent à leurs pièces et lorsqu'ils seront chefs d'ateliers.

Il serait à désirer que le Gouvernement donnât aux ouvriers les facilités d'instruction que j'indique, et que tous assistâssent à ces cours avec exactitude; mais il ne faut pas s'abuser, et croire que tous les ouvriers les suivront exactement, malheureusement, il s'en trouvera beaucoup qui seront assez ennemis d'eux-mêmes, pour ne pas profiter de l'instruction qui leur sera offerte et qui, plus tard, regretteront le temps perdu.

Aussi, voudrais-je que ceux qui auraient continuellement suivi les cours et qui par leur exactitude et leur intelligence, auraient été reconnus avoir le mieux mérité, reçûssent une récompense nationale :

1° Pour l'instruction et la moralité ;

2° Pour le travail qu'ils auraient mis à l'exposition des travaux d'art, faite chaque année au chef-lieu de département.

Si, pour réaliser le bien que je désire, le Gouvernement a besoin de fonds, le rétablissement de l'impôt du sel, offre les ressources nécessaires.

Je voudrais voir rétablir cet impôt, et qu'une partie de son revenu fût destinée à construire dans tous les centres de départements, des écoles professionnelles où seraient admis les enfants orphelins et ceux abandonnés par l'inconduite de leurs parents, avec places pour les élèves particuliers payants et ceux placés par les communes.

Les écoles d'Angers et de Châlons, sont nommées Écoles des Arts et Métiers, mais ont-elles jamais fourni des ouvriers capables ?

Les trois quarts des jeunes gens qui sortent de ces écoles, ne sont pas assez ouvriers pour gagner leur existence dans les ateliers du commerce, aussi les voyez-vous, presque tous, entrer dans les Compagnies de mécaniciens de la marine, ou aux ponts-et-chaussées, pour chercher à devenir conducteurs. Cela doit prouver que l'instruction professionnelle que l'on y reçoit n'est pas très forte.

Après la révolution de Février, tous les hommes paraissaient bien disposés à faire quelque chose pour la classe ouvrière , malheureusement, on a choisi pour cette grave question, un homme qui, je le suppose, était de bonne foi, mais qui, malgré son talent comme écrivain, a été la cause de bien du mal, en voulant des réformes immédiates.

A cette époque, la société était ébranlée, au lieu de promettre des réformes prématurées. ce qui agitait l'esprit de tous les ouvriers, il fallait créer immédiatement des comptoirs nationaux, où les manufacturiers, les fabricants, les entrepreneurs et les chefs-ouvriers, eussent trouvé les sommes qui leur étaient nécessaires pour conserver leurs ouvriers ; ce léger sacrifice de la part du Gouvernement, eût empêché la création des ateliers nationaux, et peut être aussi, la révolution impie de juin.

Prince, faites ce que je vous propose pour l'instruction professionnelle et pour les travaux que l'État fait exécuter, et vous consoliderez un pilier sur lequel repose la prospérité de la France (*l'industrie*).

Puisqu'il est reconnu qu'il existe un malaise dans la classe industrielle, que le Gouvernement et les municipalités fassent tout ce qui est en leur pouvoir pour améliorer, par des moyens possibles et faciles, le sort de cette classe si intéressante.

Je suis persuadé que les malheureux voyant que l'on s'occupe d'une manière toute spéciale d'améliorer leur position, seront sourds à la voix de ces rhéteurs sans foi, qui cherchent à flatter les passions des classes ignorantes et à exploiter les dispositions hostiles d'hommes déjà trop portés par les excitations de la misère, à prendre en haine un état social qui semble n'offrir pour eux que souffrances et privations.

CHAPITRE VIII.

———

Le 30 juin 1851, j'adressai à M. le Ministre
de la guerre, la lettre suivante :

« Monsieur le Ministre,

« Si tous les chefs ouvriers sont assujétis aux
« mêmes charges, ils doivent avoir, tous, les mêmes
« droits, et lorsque l'État fait exécuter des travaux,
« tous les hommes spéciaux, donnant des garanties
« de capacité et de moralité, doivent avoir le droit
« de concourir.

« L'Administration du génie fait exécuter tous les
« ans, au minimum, 25 mille francs de travaux de
« forges, serrurerie et taillanderie, sans jamais pas-

« ser d'adjudication, sans même appeler la concur-
« rence ; ces travaux sont toujours traités de gré à
« gré avec la même personne.

« En opérant de cette manière, quels que soient
« les fonds que l'Assemblée législative vote pour
« une localité, ils ne servent qu'à faire la fortune de
« quelques privilégiés.

« J'ose espérer, Monsieur le Ministre, que votre
« caractère juste comprendra le bon droit de ma
« réclamation.

« Dans cet espoir, je suis avec respect, Monsieur
« le Ministre, etc., etc. »

Le 27 juillet 1851, je reçus de M. Bodson
de Noirfontaine, chef du génie à Cherbourg, la
lettre suivante :

« Monsieur Mermilliord,

« Je suis chargé de vous informer que M. le
« Ministre de la guerre, dans une dépêche du
« 24 juillet courant, a fait connaître qu'il n'y avait
« pas lieu d'accueillir la réclamation que vous lui
« avez adressée, au sujet des travaux de ferronnerie
« exécutés à forfait, pour le compte du service du
« génie, dans la place de Cherbourg.

« Le chef de Bataillon, chef du génie,

« *Signé*, BODSON DE NOIRFONTAINE. »

En présence d'une pareille réponse, il ne me reste qu'une chose à faire, vous laisser juge, Monsieur le Prince.

Pour obtenir justice, j'écris à M. le ministre de la guerre et ma lettre est renvoyée par lui à la personne dont je blâme la manière d'opérer ; si j'avais adressé une réclamation à l'Assemblée législative, je doute que l'on y eut fait droit d'avantage, car les intérêts industriels y étaient très mal entendus et encore plus mal défendus.

En demandant que des travaux d'une pareille importance passent en adjudication, je ne crois pas demander l'impossible ; je ne crains pas que l'on dise que cette demande soit une utopie ; qu'elle soit irréalisable ; au contraire, tous les gens de bon sens, doivent être convaincus qu'elle est facile à mettre en pratique et qu'en y faisant droit, l'on ne favoriserait personne.

Que le Gouvernement favorise un industriel qui se trouverait malheureux après avoir rendu des services à la Société, cela serait juste, et personne n'en serait jaloux : je comprendrais, par exemple, qu'après le malheur qui, l'année dernière, a frappé M. Normand du Hâvre, l'un de nos premiers constructeurs de France et peut-être de l'Europe, le Gouvernement lui commandât un ou deux bateaux à vapeur pour relever son établissement ; mais, ce que je ne comprends pas, c'est que l'on favorise au préjudice des autres, des personnes qui n'y ont aucun droit. (C'est toujours ce qui arrive quand il y a plusieurs pilotes à bord d'un même navire, mais aujourd'hui que la France vous a donné le droit de faire le bien, nous avons tous l'espoir d'un sort meilleur.)

CHAPITRE XIV.

<hr>

Comme tous les industriels, j'eus le désir de
faire connaître mes produits à la France ; pour
cela, je fabriquai diverses pièces de taillanderie, que je fis partir pour Saint-Lô, chef-lieu
de mon département, elles furent reçues par
le jury départemental, puis envoyées à Paris à
l'exposition ; en fabriquant ces objets, je m'é-
tais attaché à faire des outils propres à rendre
un très bon service par leur qualité et dont le
prix serait à la portée de tous les ouvriers ; en
opérant de cette manière, je n'ai pas eu l'idée

de flatter l'œil du jury chargé d'examiner les produits ; mes concurrents ou collègues, ont fait tout le contraire : ils ont poli leurs produits, mais ils n'ont pas mis sur leurs outils, les prix qu'ils les vendaient, comme je l'ai fait ; je croyais que MM. les membres du jury auraient fait essayer les outils, pour juger quels étaient les meilleurs, mais il n'en a pas été ainsi ; c'est une faute, car, on ne peut juger la qualité d'un outil, qu'en le faisant essayer à l'usage auquel il est destiné. (Ce ne sont pas de ces choses que l'on juge à l'odeur.)

Je suppose qu'un fabricant de taillanderie, sachant que MM. les membres du jury ne font pas essayer les outils, en mette à l'exposition qui soient fabriqués seulement avec du fer, il peut par ce moyen faire des outils beaucoup plus propres ; il n'a pas la crainte que l'on voit la soudure de l'acier ; la difficulté dans la fabrication de l'outil est de bien souder l'acier sans trop le chauffer ; l'acier étant fait avec du fer, il est évident que si on le chauffe trop, on le décompose et le taillant ne vaut rien.

J'ose espérer, Monsieur le Prince, que vous reconnaîtrez que ma réclamation est fondée, en demandant qu'à la nouvelle exposition, qui, sans doute, aura lieu en 1853, les outils soient essayés à l'usage auquel ils sont destinés, et que les prix soient mis sur les produits destinés au travail de l'ouvrier.

CHAPITRE X.

—

AGRICULTURE.

Je vais parler d'une classe avec laquelle je n'ai pas vécu, que je connais peu et dont tous les besoins me sont inconnus ; mais comme elle est malheureuse, elle devient l'objet de ma sollicitude.

Tout le monde sait que les hommes qui travaillent aux champs, quand ils peuvent trouver de l'occupation en ville, quittent la campagne, quel en est le motif? Presque toujours le désir de gagner quelque chose de plus, afin de ne

pas manquer de pain sur leurs vieux jours ;
cette désertion nuit aux produits des champs et
augmente le malaise dans les villes.

Je crois que l'on ne peut arriver au bien que
par les moyens d'émulation et de moralisation.
Croyez-vous, Monsieur le Prince, que l'homme
qui a fait 30 ou 40 moissons, comme garçon
de ferme, n'a pas gagné une retraite, comme
le militaire qui a bien servi son pays pendant
25 ans? Je suis persuadé que votre sollicitude
pour cette classe vous ferait répondre affirma-
tivement.

Ne pourrait-on pas créer une contribution
qui serait affectée à la retraite des agriculteurs?
Puis, à la fin de chaque année, les maires des
communes indiqueraient les noms des agriculteurs qui auraient des droits à cette récompense.
Tous ces noms seraient adressés à Monsieur le
préfet du département, et une commission prise
dans les conseillers de préfecture ou dans les
conseillers généraux désigneraient à Monsieur le
Ministre, ceux qui auraient le plus de droits.

L'homme qui a eu l'idée de fonder l'hôtel des Invalides, a eu une noble pensée ; mais celui qui fonderait un établissement semblable, qui servirait d'asile aux vieux agriculteurs blessés et usés par le travail, en aurait une qui le serait encore plus ; il attirerait sur lui toutes les bénédictions du ciel et la reconnaissance des hommes.

Comme à tout il faut le temps, je verrais avec plaisir faire la promesse de réaliser ce bien dans quelques années.

CHAPITRE XI.

RÉPONSE

A LA QUESTION DU DROIT AU TRAVAIL.

(OTOPIE QUI N'A PAS LE SENS COMMUN).

Si l'on pose comme principe les mots *droit au travail*, il est impossible de résoudre cette question, ni de la mettre en pratique.

Je vais vous dire le motif qui m'a engagé à me pénétrer de cette question, ou plutôt de l'idée des hommes qui l'ont mise en avant ; puis, je vous dirai ce qu'il est possible de faire pour les ouvriers qui sont sans ressources et sans travail.

Au mois de février 1849, un ouvrier vint me demander de l'ouvrage, me disant qu'il était sans argent et qu'il n'avait pas mangé depuis vingt-quatre heures ; sa mine et ses vêtements paraissaient confirmer ses paroles ; je le fis déjeûner et quoique n'ayant pas besoin de son travail, je lui dis que je l'occuperais une quinzaine de jours, afin de le mettre à même de se rendre dans une autre ville qui lui fût plus favorable ; voici comment il répondit au bien que je voulais lui faire : non-seulement il ne se rendit pas à mon atelier, mais trois jours plus tard, il allait dans les cafés surprendre la charité de quelques personnes généreuses, en se disant sans travail.

Croyez-vous, qu'un homme qui tient une pareille conduite ne mérite pas d'être regardé comme vagabond et condamné comme tel ?

La réponse n'est pas douteuse.

Autre question :

Qu'un honnête ouvrier, se trouve véritable-

ment sans ressources et sans travail, s'il tend
la main, doit-il être considéré comme vagabond et puni comme tel ?

Évidemment non.

Mon but en écrivant ces lignes, est d'indi-
quer ce qu'il est utile de faire, pour connaître
les hommes qui ont droit à un secours et ceux
qui n'en méritent pas.

Il serait bon d'établir dans toutes les villes
un bureau de placement à la maison commune,
où tous les chefs d'industrie qui auraient besoin d'ouvriers, adresseraient leurs cartes, en
indiquant le nombre d'hommes dont ils ont
besoin ; puis, quand un ou plusieurs ouvriers
étrangers arriveraient, ils se rendraient immédiatement à ce bureau, et l'adresse des personnes qui pourraient les occuper, leur serait
donnée ; ce moyen serait un contrôle faisant
connaître les ouvriers sans ouvrage, comme
ceux qui en auraient, et qui, au lieu de travailler, iraient surprendre la charité.

Lorsqu'un honnête ouvrier est sans argent
et sans pain, il doit devenir l'objet de la solli-

citude des communes ; aussi, voudrais-je voir qu'il lui fût délivré un bon de pain et un léger subside par le bureau de placement, car l'on ne peut abandonner au désespoir un homme qui se trouve malheureux par des circonstances indépendantes de sa volonté.

On opérant de cette manière, on pourrait connaître quelles sont les villes où il y a pénurie d'ouvriers et celles où il s'en trouve un trop grand nombre sans ouvrage, et pour cela, il n'y aurait qu'à insérer chaque semaine, dans un journal, le rapport de chaque chef de bureau de placement.

Je n'appellerai pas cette manière d'opérer le droit au travail, je la nommerai secours aux bons travailleurs.

La semence jetée sur un bon terrain produit toujours son effet, celle jetée sur un mauvais est toujours perdue.

CHAPITRE XII.

———

Voici ce que j'écrivais en 1843 dans le *Journal de Lorient* :

« Nouveau projet d'assurances, sous le nom d'as-
« surances mutuelles, qui permettrait aux membres
« associés en déboursant moins qu'ils ne le font
« aujourd'hui, de soulager les malheureux.

« La ville de Lorient contient deux mille cent
« maisons qui forment, en les supposant louées au
« au denier 30 seulement, un capital de 6,329,656 f.
« 40 c. La valeur donnée pour assurer ces maisons
« est de 21,000 f. au minimum ; beaucoup d'ha-

« bitants assurent leur mobilier, et la somme versée
« pour cela aux maisons d'assurances n'est pas
« moindre de 19,000 f., total quarante mille francs.

« Les pertes arrivées à Lorient depuis vingt ans,
« ne montent pas, terme moyen, à 3,000 f. par an,
« ce qui ferait au maximum 60,000 f. que les agents
« de maisons d'assurances ont à peine donné pour
« les huit cent mille francs qu'ils ont reçus.

« Nous cherchons tous les moyens de faire le bien
« sans qu'il nous en coûte ; ici nous n'avons qu'à nous
« assurer mutuellement, et dans dix ans nous aurons
« un fonds social d'au moins 300,000 f. que l'on
« pourra placer en rentes sur l'État ; ce fonds social
« étant formé, nous pourrions disposer chaque
« année d'au moins 10,000 f. qui serviraient à
« fonder un établissement pour tous les pauvres de
« la commune, et dès lors nous n'aurions plus de
« mendiants dans les rues.

« Lorsqu'il arriverait un incendie, le propriétaire
« serait entièrement indemnisé des pertes causées
« par le sinistre ; tandis qu'avec les maisons d'assu-
« rances, on ne reçoit fort souvent, jamais même,
« plus que les deux tiers de la somme que l'on
« a perdue.

« Je suppose que cette société mutuelle se com-
« posât de 1,200 propriétaires, elle nommerait dans

« son sein les personnes qui devraient l'administrer,
« elle en désignerait encore d'autres, qui, en cas
« d'incendie, seraient chargées de diriger les secours.
« Tous les sociétaires seraient obligés d'avoir chez
« chacun d'eux, deux sceaux d'incendie, et de se ren-
« dre au premier appel à l'endroit du feu ; tous au-
« raient intérêt à s'en rendre maîtres et à faire le
« moins de dégâts possibles.

« Je désire que l'idée que j'émets trouve de l'écho
« parmi mes concitoyens, et qu'il se rencontre
« parmi eux des hommes qui aient assez de dévoû-
« ment pour bien vouloir me prêter leurs concours. »

En appliquant ce système à toute la France, cela ferait rentrer des sommes très-importantes et qui, j'en suis sur, seraient suffisantes pour les retraites des agriculteurs, et pour des secours aux travailleurs,

Je désirerais donc que chaque propriétaire, en payant ses contributions, payât au percepteur une somme égale à celle qu'il donne aujourd'hui pour assurer ses maisons, et que les bénéfices réalisés pendant cinq ans, servissent de fonds social afin de se garantir contre des sinistres importants.

CHAPITRE XIII.

CONSEILS AUX TRAVAILLEURS.

Ne vous plaignez jamais de votre infortune et n'en accusez jamais Dieu, ayez au contraire confiance en lui; persévérez toujours dans le bien et il viendra un moment où vous serez récompensé; Dieu éprouve fort souvent les faibles pour leur donner la force qui leur manque, afin de fortifier leur naturel et les préparer de bonne heure aux combats que livrent plus tard les nécessités de la vie contre les difficultés d'une carrière laborieuse.

Croyez qu'il est beau de ne devoir qu'à son travail, qu'aux ressources de sa profession, qu'à sa bonne conduite, le bien être dont en entoure ceux que l'on aime.

Soyez assez forts pour ne vouloir que la vérité et ne vous laissez pas séduire par l'éloquence de ces rhéteurs sans foi qui s'évertuent à flatter vos passions, afin de vous rendre solidaires de leurs actes, et qui, du jour où ils n'auront plus besoin de vous, vous abandonneront à votre position première, car il n'est permis qu'à vous de la changer par le travail.

Après les révolutions de 1830 et de 1848, étiez-vous le lendemain du combat autre chose que ce que vous étiez la veille ? Non. Que résulte-t-il des révolutions ? L'ébranlement de la société et le malaise pour vous.

Fuyez donc ces hommes qui n'ont pu se faire une position malgré l'instruction qui leur a été donnée par leurs parents, et qui plus tard auraient rougi de retrousser leurs manches de chemises pour apprendre une profession ; aussi cherchent-ils dans l'anarchie et dans le désordre, les moyens d'arriver sans s'être donné aucune peine que celle de bouleverser la société, ce qui fait resserrer les capitaux et vous prive de travail.

Connaissent-ils vos besoins ces hommes? Ont-ils vécu et travaillé avec vous?

Non ; ayez donc plutôt confiance à ceux qui vous donnent de bons conseils, à ceux qui par leurs actes cherchent à améliorer votre sort.

Vous avez assez de jugement pour comprendre qu'il n'y a pas de société possible si l'on ne se range pas à la majorité. Monsieur le prince Louis-Napoléon Bonaparte ayant été choisi presqu'à l'unanimité pour représenter la France, doit trouver parmi tous les Français un zélé concours pour l'aider dans la noble mission qu'il a entreprise ; agir autrement serait une violation du suffrage universel.

Les événements de décembre dernier doivent être un exemple frappant pour vous, et ont dû vous montrer qu'il n'y a rien à gagner à troubler le pays, aussi ai-je la conviction que vous êtes tous animés d'un esprit d'ordre

et attachés d'un profond dévouement aux insti-
tutions qui ont si heureusement triomphé de
l'anarchie qui menaçait la France d'une ruine
complète et du plus détestable vandalisme.
Mais je suis heureux de voir, dans la circulaire
de Monsieur le Ministre de l'intérieur, réclamer
l'indulgence des juges pour les hommes que les
circonstances ont mis fortuitement en relation
avec les anarchistes.

Croyez bien qu'il ne faut pas attribuer à un
pur caprice l'amour que le peuple avait pour
l'Empereur Napoléon ; et si l'on se sent électrisé
en faisant la lecture de ses hauts faits mili-
taires, si l'on aime à le suivre dans le cours de
ses actions mémorables, en un mot, si l'on
s'extasie devant la puissance de son génie, de
son intelligence prodigieuse, on se sent vive-
ment ému, en lisant les traits touchants et su-
blimes qui révèlent la beauté de son âme, la
bonté, la générosité de son cœur, car c'est tout
le bien qu'il a fait qui rendra sa mémoire
éternelle.

J'ai l'intime conviction que son neveu mar-

chera sur ses traces et qu'il fera tous ses ef-
forts pour faire le bonheur de la France ; que
toutes les fois qu'une réclamation juste lui
sera adressée, il y sera fait droit, et que, de
lui-même, quand il connaîtra nos vœux et nos
besoins, il fera tout ce qui lui sera possible
pour réaliser le bien que nous désirons tous ;
mais pour cela, il faut que le pays soit tran-
quille, et que tous les hommes de bien le se-
condent.

CHAPITRE XIV.

L'homme a des devoirs à remplir envers Dieu, envers sa famille, envers son prochain, envers la patrie et envers lui-même.

Envers Dieu :

Il doit reconnaître Dieu comme le créateur de tout ; le remercier de tout le bonheur qu'il reçoit de lui ; le prier et ne pas l'oublier quand il est malheureux.

Envers sa famille :

Il doit aimer et respecter son père et sa mère; père de famille, il doit travailler pour fournir aux besoins de sa femme et de ses enfants, et donner à ces derniers de bons conseils et de bons exemples.

Envers son prochain :

Nous devons faire aux autres tout ce que nous voudrions que l'on nous fît ; aider nos frères, de nos conseils et de notre bourse, quand notre fortune nous le permet, et ne jamais agir avec ostentation, ne jamais dire de mal de personne, surtout en leur absence.

Envers sa patrie :

On doit sacrifier à sa patrie, son sang, sa vie et sa fortune, et lui obéir en tout,

Envers soi-même :

L'homme doit soigner son corps ; — cultiver son intelligence et quels que soient les chagrins qu'il éprouve, il ne doit jamais disposer d'une vie que Dieu lui a donnée, et qui, par conséquent, ne lui appartient pas.

CHAPITRE XV.

ADRESSÉ A M. LE PRINCE LOUIS-NAPOLÉON BONAPARTE.

———

Monseigneur,

En 1849, le 30 octobre, Monsieur le Sous-Préfet de Cherbourg m'informait que Monsieur le Préfet de la Manche, connaissant, par ses rapports, les titres qui peuvent me recommander à la bienveillante attention du Gouvernement, avait bien voulu demander à Monsieur le Ministre une récompense honorifique en ma faveur : — le 7 novembre, Monsieur le Préfet m'écrivait lui-même qu'il ne désespérait pas du succès de cette demande et qu'il ne la perdait pas de vue. Elle est cependant restée sans effet jusqu'à ce jour.

Permettez-moi, Monseigneur, de soumettre à votre impartiale appréciation les faits que Monsieur le Préfet avait bien voulu faire connaître lui-même à Monsieur le Ministre, pour motiver sa demande en ma faveur.

Je suis né à Lorient en 1809 ; un mois après ma naissance, la mort de mon père me laissait orphelin, sans fortune. Ma mère avait pour toutes ressources le faible salaire, trop souvent insuffisant, que lui assurait son travail de chaque jour. Pendant plusieurs années, j'ai eu à lutter contre les privations, seul, sans appui, sans un ami qui pût s'intéresser à mon sort et m'apprendre à gagner du pain. Un serrurier, auquel j'allais moi-même me présenter, eut enfin pitié de moi, et consentit à m'apprendre son état, sans jamais recevoir le prix de mon apprentissage que je n'aurais pu donner. Pendant trois ans je m'efforçais, par mon activité et mon travail, de lui témoigner toute ma reconnaissance, et je le quittai à regret pour aller puiser ailleurs une connaissance plus approfondie de mon état. Enfin après plusieurs années d'absence, je revins à Lorient ; en 1834, j'ouvris un atelier, et dès la première année le succès dépassa de beaucoup les espérances que j'avais osé concevoir.

Alors, Monsieur le Président, en comparant ma vie présente à mon état passé, je sentais que j'avais à payer la dette de la reconnaissance qu'il ne m'avait pas été donné d'acquitter envers mon ancien patron. Je pris à 26 ans l'engagement de tirer chaque année un enfant de la misère pour en faire un bon ouvrier, un bon citoyen, en lui assurant un salaire qui, pendant les trois années d'apprentissage, s'élèverait à *cinq cents francs.*

J'ai pris successivement onze enfants dans la même ville. A tous j'ai tenu parole ; huit sont devenus d'excellents ouvriers.

Vous lirez avec intérêt, Monsieur le Président, la réponse que m'adresse à ce sujet le Président de la société maçonnique. J'ai joint sa lettre aux pièces justificatives qui accompagnent ma demande (Pièce n° 4).

En 1847, au mois d'avril, je quittais Lorient où la confiance de mes concitoyens m'avait fait élire membre du Conseil municipal (Pièce justificative n° 2).

Je vins à Cherbourg où j'avais entrepris tous les travaux de ferrures et ferrements du nouveau casernement d'infanterie de marine, des bureaux de la majorité et de la maison d'arrêt. Sur tous ces travaux j'ai perdu une somme énorme pour un ouvrier sans fortune et qui vit de son travail, cette perte m'a été d'autant plus sensible que je ne la puis attribuer à l'inexactitude de mes combinaisons et de mes calculs.

Je n'en ai pas moins continué à Cherbourg, l'œuvre que j'avais commencée à Lorient. Chaque année l'enfant le plus malheureux qui m'est signalé comme s'étant distingué à l'école gratuite de la commune par son travail et par son application, je le prends dans mes ateliers et lui assure, pendant les trois années de son apprentissage, un salaire qui s'élève à *cinq cents francs* (Pièces justificatives 3, 4 et 5).

Après la révolution de février, la vue de tant d'ouvriers sans ouvrage et sans pain, me rappelle plus que jamais mon premier état. Ne pouvant leur donner d'ouvrage, je voulus faire pour eux des démarches et leur chercher du pain. A ma prière, Monsieur le Maire, à la disposition duquel j'avais mis avec bonheur tous les outils nécessaires, pût employer un grand nombre de ces malheureux.

Comme titre à votre bienveillance, Prince, j'ajouterai que deux fois aux périls de mes jours j'ai sauvé ceux de mes semblables.

Je n'ai fait que mon devoir en faisant le bien ; je le sais, Monseigneur, et je n'aurais pas osé me permettre de vous exposer moi-même ces faits, si, à une autre époque, Monsieur le Préfet n'avait pas cru devoir appeler lui-même sur moi l'attention du Gouvernement.

J'ai pensé d'ailleurs, Prince, en vous voyant vous occuper avec une si touchante sollicitude du sort des ouvriers, que vous apprendriez avec bonheur que, dans un coin de la France, un obscur industriel a depuis longtemps conçu la même pensée, que chaque jour il cherche à la réaliser, et qu'à ce titre il peut être digne de votre bienveillance et de votre intérêt.

Comptant sur votre bienveillance,

Je suis avec le plus profond respect,

Monseigneur,

Votre très humble et très dévoué serviteur,

MERMILLIOD.

CHAPITRE XVI.

—

PIÈCES JUSTIFICATIVES

N° 1.

A l'Orient de Lorient, le 1er jour du 6e mois de l'année 5836.

Très cher frère,

Je vous adresse le jeune Profane Bodec (Baptiste-Jules) qui nous a été désigné par le Maire comme celui des élèves de l'école gratuite, qui méritait le mieux la haute faveur dont votre zèle maç∴ veut bien encourager cette institution.

Votre rare modestie, votre amour pour la vraie charité, vous a conduit très cher frère, à vouloir cacher le nom du bienfaiteur et à en laisser tout le mérite, du moins aux yeux du public, à la loge à laquelle vous

appartenez ; honneur donc deux fois à vous très cher
frère, à vous qui avez si bien compris qu'une bonne
action faite dans le secret a bien plus de mérite que
celle publiée.

C'est au nom de tous vos frères que je viens vous
dire combien votre action aura de retentissements
dans leurs cœurs.

En mon particulier, mon cher frère, je m'estime et
m'estimerai toujours bien heureux d'avoir été choisi
par notre atelier pour donner la lumière à un maçon
tel que vous.

Agréez, très cher frère, la nouvelle assurance des
sentiments avec lesquels je suis pour la vie,

Par les.......

Votre dévoué frère,

ROZAN.

Pour copie conforme,

MERMILLIOD.

N° 2.

MAIRIE DE LORIENT,

Hôtel-de-Ville, le 2 avril 1847.

Le maire de la ville et commune de Lorient, Che-
valier de la Légion-d'Honneur,

Certifie que M. Mermilliod, fabricant de taillanderie,
membre du Conseil municipal, natif et domicilié de

cette commune, y a toujours tenu une conduite honorable et y a constamment joui de l'estime des personnes dont il est connu et avec lesquelles il est en relations journalières.

En foi de quoi le présent lui a été délivré pour valoir ce que de raison.

Le Maire,

Auguste CHARPENTIER.

N° 3.

Ville de Cherbourg, département de la Manche.

Nous, Maire de la ville de Cherbourg, certifions que M. Mermilliod (Joseph-Marie-Auguste), fabricant de taillanderie en cette ville, a fondé un établissement dans lequel il occupe un certain nombre d'ouvriers, que depuis la fondation de son établissement qui a eu lieu en avril 1847, chaque année M. Mermilliod a demandé à l'Administration de lui désigner un élève pris dans les écoles gratuites et appartenant à une famille malheureuse, qui aurait fait preuve d'intelligence et se serait distingué par sa bonne conduite; que les jeunes gens qui lui ont été ainsi désignés sont entrés chez lui comme apprentis avec un salaire qui leur permettait de subvenir à leurs premiers besoins ;

Certifions en outre que la conduite de M. Mermilliod a toujours été celle d'un bon citoyen, qu'il a été élu par ses concitoyens officier de la garde nationale, qu'il a donné sa démission avant l'arrêté de dissolution de la compagnie à laquelle il appartenait, et que la confiance qu'il inspirait à l'Administration l'a fait désigner pour être l'un des commissaires du dîner et du bal offert par la ville à Monsieur le Président de la République.

Cherbourg, le 8 février 1851.

Le Maire de la ville de Cherbourg,

LUDÉ.

Vu pour légalisation, Cherbourg, le 8 Février 1851.

Le Sous-Préfet,

DE CHARNISAY.

Extrait de la lettre adressée par moi, à M. le Préfet de la Manche.

Cherbourg, le 30 octobre 1849.

« Monsieur le Préfet,

« J'ai appris qu'à votre demande M. le sous-préfet
« de Cherbourg avait fait un rapport sur la conduite

« que je tiens à l'égard des enfants appartenant aux
« familles malheureuses, et que vous aviez adressé
« cette pièce à M. le Ministre du commerce.

« Je viens vous remercier, Monsieur le Préfet, de
« votre sollicitude pour moi. — En faisant connaître
« au Gouvernement les hommes qui font du bien
« comme ceux qui font du mal est un devoir de
« l'autorité administrative départementale, afin que
« l'État récompense les uns et punisse les autres.

« La conduite que je tiens à l'égard des enfants
« appartenant aux familles malheureuses date de
« douze ans. Depuis cette époque, j'ai pris chaque
« année l'enfant appartenant à la famille la plus mal-
« heureuse, qui, par son aptitude à l'école gratuite
« de la commune, a le mieux mérité. Je l'ai pris,
« dis-je, dans mes ateliers, pour en faire un bon ou-
« vrier, et je lui ai donné un subside, qui a permis à
« sa famille de le nourrir. Ce subside pour trois an-
« nées de son apprentissage s'élève à *cinq cents francs*.
« Je suis cependant sans fortune. Deux fois au risque
« de mes jours j'ai été assez heureux de sauver ceux
« de mes semblables. Le Gouvernement n'a jamais
« paru s'apercevoir de ce que j'ai fait. Il est encore
« probable, Monsieur le Préfet, que le rapport que
« vous avez adressé restera dans des cartons.

« Le Gouvernement a trop d'occupations, et il ne
« peut s'occuper d'un ouvrier qui n'a aucune protec-

« tion ; mais quelle que soit sa décision, je ne conti-
« nuerai pas moins l'œuvre philanthropique que j'ai
« commencée ; et je vous remercie, de nouveau, de
« votre bonne intention et vous en conserverai une
« reconnaissance éternelle.

    « Je suis avec respect,
      « Monsieur le Préfet,
        « Votre dévoué serviteur,

          « MERMILLIOD. »

Réponse de M. le Préfet de la Manche.

St-Lo, le 7 novembre 1849.

Monsieur,

J'ai lu avec beaucoup d'intérêt la lettre que vous vous m'avez fait l'honneur de m'écrire, le 30 octobre dernier, pour me remercier et me rappeler votre belle conduite à l'égard des enfants que vous enlevez à la misère dans le but d'en faire des apprentis.

Je connaissais, par les rapports de M. le sous-préfet, les titres qui vous recommandent à la bienveillante attention du Gouvernement, et je n'avais pas attendu votre lettre pour faire connaître vos bonnes actions.

CABINET

BELLES ACTIONS.

OMPENSES HONORIFIQUES

N° 776.

Bien que M. le Ministre n'ait point encore répondu à ma demande d'une récompense honorifique en votre faveur, je ne désespère pas du succès de cette demande, et je ne la perds pas de vue.

Recevez, Monsieur, l'assurance de ma considération,

Le Préfet de la Manche,

DE TANLAY.

Monsieur Mermilliod,

FABRICANT DE TAILLANDERIE A CHERBOURG.

Le 3 mai 1849, je reçus de M. le Maire de la ville de Cherbourg la lettre suivante :

Monsieur Mermilliod,

J'ai soumis au Conseil municipal la lettre du 16 avril dernier que vous m'avez adressée pour me faire part de vos intentions de prendre encore cette année, pour lui apprendre une profession, l'enfant appartenant à la famille la plus malheureuse, qui aura le mieux mérité à l'école gratuite.

Le Conseil municipal, Monsieur, a accueilli avec beaucoup d'intérêt votre proposition et a pris à ce sujet une délibération dans sa séance du 3 de ce mois.

J'ai l'honneur de vous en adresser une copie.

Recevez, Monsieur, mes salutations et l'assurance de ma considération distinguée,

Le Maire de la Ville de Cherbourg,

MORIN.

Extrait du registre des délibérations du Conseil municipal de la Ville de Cherbourg.

2e SESSION ORDINAIRE DE 1849 — SÉANCE DU 3 mai.

Présents : MM. Morin, *Maire ;* Poulain, *Adjoint ;* De Serry, Le Maistre, De Brucan, Alfred Liais, Coupey, Henry, Durand, L'Éguillon, De Lavrignaie, Ludé, Hervieu, Yvon, Henneville, Le Seigneurial, Noël, Chaufard, Belin, Foulon, *Secrétaire.*

Le Conseil entend avec le plus vif intérêt la lecture d'une lettre de M. Mermilliod, fabricant de Taillanderie, qui annonce que cette année, comme les années précédentes, il recevra dans ses ateliers, pour lui apprendre son état gratuitement et même avec promesse d'un subside suffisant à son existence, un enfant sortant des écoles communales et ayant obtenu quelques succès à la distribution des prix. La préférence sera accordée à l'élève qui se sera fait remarquer par le plus de docilité et d'aptitude au travail. Le Conseil exprime sa profonde reconnaissance pour la généreuse action de Monsieur Mermilliod; il recommande à M. le Maire de lui envoyer une copie de la présente délibération et de transmettre aux instituteurs communaux une copie de la lettre de M. Mermilliod, afin qu'il puisse stimuler le zèle de leurs élèves par l'espoir d'une récompense avantageuse aux familles pauvres.

Pour copie conforme,

Le Maire de Cherbourg,

MORIN.

Jeudi 17 mai 1849.

Phare de la Manche (*Gazette de Cherbourg*).

Nous citerons avec plaisir ce que fait un de nos industriels les plus intelligents et les plus honorables.

M. Mermilliod a habité Lorient avant de venir fonder à Cherbourg un établissement de taillanderie. A Lorient plusieurs enfants ont été admis gratuitement dans ses ateliers comme apprentis.

Pendant leur apprentissage ils ont reçu près de cinq cents francs chacun, à eux donnés comme encouragement et pour récompenser un bon travail.

Tous ces jeunes gens sont devenus d'excellents ouvriers, se conduisent bien et sont tous placés avantageusement dans différentes usines.

Depuis qu'il habite Cherbourg, M. Mermilliod a déjà admis dans ses ateliers deux jeunes apprentis, dont la conduite et le travail sont très satisfaisants, et il a écrit à M. le Maire qu'après la distribution des prix à la fin de l'année scolaire, il recevra avec plaisir, comme apprenti, un élève qui se sera fait distinguer dans sa classe. Il n'est pas à douter que M. le Maire n'oubliera pas une telle offre, et qu'il s'empressera de fournir à M. Mermilliod l'occasion d'apprendre un état à un enfant dont les parents n'auraient pas les moyens de payer un apprentissage.

Outre l'apprentissage gratuit, le jeune homme reçoit de M. Mermilliod une indemnité suffisante pour subvenir à son existence.

Voici ce qu'écrivait M. de Brucau, directeur du Bureau de charité, dans le journal *Le Phare de la Manche*, n° 70, année 1850 :

M. Mermilliod, toujours constant dans l'accomplissement des bonnes œuvres, ayant encore proposé cette année de prendre un apprenti rétribué, d'après un concours de dix élèves appartenant aux écoles communales qui y ont pris part, l'élève Gardin a été proclamé pour jouir de cette faveur.

Phare de la Manche n° 70, année 1849.

Avant l'appel des lauréats, l'excellent M. de Brucau qui ne manque jamais de prendre part aux réunions qui ont la bienfaisance ou l'utilité publique pour objet, a proclamé le nom du jeune Bonissent, comme ayant mérité, après examen, d'être choisi pour entrer comme apprenti dans les ateliers de M. Mermilliod.

A cette occasion, M. de Brucau s'est rendu l'organe de la reconnaissance publique en remerciant, au nom de la classe laborieuse, cet honorable industriel qui, tous les ans, reçoit gratuitement comme apprenti, un jeune homme ayant fini ses études primaires, et lui donnant un subside qui permet à sa famille de le nourrir.

C'est avec le sentiment de la plus vive satisfaction, a dit M. de Brucan, qu'au nom du Maire de Cherbourg, nous avons l'honneur de vous annoncer que, par suite de la généreuse demande faite par l'honorable M. Mermilliod, demeurant en cette ville, d'après les propositions de nos estimables instituteurs, le 23 du courant, au collége, nous avons passé l'examen de sept élèves. Celui d'entre eux qui a le mieux répondu à nos questions, Bonnissent (Alphonse), étant agrée par M. Mermilliod, à partir du 1er septembre prochain, cet excellent sujet entrera en apprentissage, et dès la première année, gagnera 40 centimes par jour, la deuxième, 50 centimes, la troisième, 60 centimes ; cet enfant est le troisième dont M. Mermilliod a la bonté de se charger depuis son séjour dans cette ville.

Typ. Bénard et Cie, pass. du Caire, 2, Paris.

www.ingramcontent.com/pod-product-compliance
Lightning Source LLC
Chambersburg PA
CBHW051005060726
47593CB00017B/1072